AF453690

BLAISE LE SAVETIER,

OPERA-COMIQUE,

SUIVI

DE LA NÔCE DE NICAISE,

Intermede mêlé de Chants & de Danses;

Par Monsieur S....

La Musique de M. PHILLIDOR.

Représenté pour la premiere fois sur le Théâtre de l'Opera-Comique de la Foire saint Germain, le 9 Mars 1759.

Le prix est de 24 sols sans Musique.
Les Ariettes se vendent séparément 24 sols.

A PARIS,

Chez DUCHESNE, Libraire, rue S. Jacques,
au-dessous de la Fontaine S. Benoît,
au Temple du Goût.

M. DCC LIX.
Avec Approbation & Privilége du Roi.

AVERTISSEMENT
DE L'AUTEUR.

SI quelqu'un me reproche l'attention avec laquelle j'ai écrit la Pantomime de cette farce, qu'il fasse réflexion que le grand défaut de la plûpart des Ariettes au Théâtre, est de se voir dénuées d'action, soit que ce défaut vienne des paroles & de la situation théâtrale, soit que l'Acteur seulement musicien, ne sçache point les revêtir des gestes, & du sentiment, vrais.

Cette petite Piece annoblie par la musique de M. Phillidor sera (je l'espere) représentée en province ; l'Acteur loin de tout conseil qui lui semble valable, en lisant la Pantomime, se trouvera aidé de l'avis de l'Auteur ; il peut en partant de-là, fixer ses mouvements, etendre son jeu, & arriver à ce point si difficile de rendre la nature sans la forcer : peut-être pourra-t-il trouver mieux que ce que j'indique, mais s'il rencontre plus mal, les conseils qu'il a devant les yeux serviront de pieces au procès que lui fera l'Auditeur.

A ij

ACTEURS.

BLAISE,	M. Oudinot.
BLAISINE,	Mlle. Deschamps.
Monsieur PINCE,	M. La Ruette.
Madame PINCE,	Mlle. Vincent.
PREMIER RECORD,	M. S. Aubert.
SECOND RECORD,	M. De Lisle.
NICAISE.	M. Bouret.
BABICHE.	Mlle. Vilmont.
LA CRÊMIERE.	Mlle. Luzzi.
MATHURIN.	M. De Lisle.
LA TANTE, ET AUTRES ACTEURS.	

BLAISE
LE SAVETIER,
OPERA-COMIQUE.

*Le Théâtre repréſente une Boutique de Sa-
vetier, une armoire faite en dreſſoir, c'eſt-
à-dire que le haut neſt ſermé que d'un
fil d'archal avec un rideau en dedans ;
elle eſt placée ſur un des côtés du Théâtre, & de l'autre une table longue ſur des
tréteaux.*

SCENE PREMIERE.
BLAISE, BLAISINE.

BLAISINE.

QUE cherches-tu ?

BLAISE.

Rien.

A iij

BLAISINE.

Mais encor.

BLAISE.

Mon chapeau.

BLAISINE.

Ton chapeau ? Tu veux fortir ?

BLAISE.

Non, ma femme, non.

BLAISINE.

Comment, non !

BLAISE.

Non, je vais feulement....

BLAISINE.

Hé ! tu ne fors pas !

BLAISE.

Air : *C'eft la façon de le faire.*
Non, te dis-je, j'ai trop affaire ;
Je ne fors pas, mais Mathurin,
Mathurin avec fon compere
M'attend au cabaret voifin.
Hier ils m'ont payé bouteille
De bon vin,
Je veux leur rendre la pareille
Ce matin.

BLAISINE.

Ce matin !

BLAISE.

Oui, ce matin.

BLAISINE.

Tu iras ce foir.

BLAISE.

Je ne peux pas.

BLAISINE.

Pourquoi ?

BLAISE.

Ah ! pourquoi, pourquoi ? C'eſt aujour-d'hui le lendemain de la nôce de notre couſin Nicaiſe.

BLAISINE.

Hé ! qu'eſt-ce que ça te fait ? Tu ſçais que je n'ai pas voulu y aller hier, parce que nous ſommes dans la peine, & qu'il auroit fallu payer le lendemain.

BLAISE.

Ce n'eſt que pour compter, ma petite femme ; il y a des reſtes, je veux leur ai-der à faire le compte.

BLAISINE.

Ils ont bien beſoin de toi.

BLAISE.

La nôce doit y venir déjeuner.

ARIETTE *en Duo.* 2

BLAISINE.	BLAISE.
Hélas! que je ſuis malheureuſe!	
En quoi ? en quoi ?	Toi ! en quoi ! en quoi !
Ta conduite fâcheuſe	Ma conduite fâcheuſe.
Nous réduit aux extrémités.	Quelles ſont ces extrémités ?
Nous devons de tous les côtés.	On nous doit de tous les côtés.
La boulangere,	Je ne dois rien au cabaret,
Et la bouchere,	Et c'eſt un fait.
Le corroyeur,	

Son Procureur,
Notre hôte,
Sans faute,
Doit en ce jour nous faire
éxécuter,
Et peut-être t'arrêter.
Hélas!que je suis malheureuse!

En quoi, en quoi,	Toi ! en quoi ? en quoi ?
Ta conduite fâcheuse	Ma conduite fâcheuse !
Nous réduit aux extrémités.	Quelles sont ces extrémités ?
Nous devons de tous les côtés.	On nous doit de tous les côtés.

(Blaisine reste rêveuse ; Blaise tourne encore
dans la chambre, trouve son chapeau sur
l'armoire, sa femme le regarde aller &
dit :)

Mais aujourd'hui, malhéureux que tu es!
on vient nous enlever nos meubles.

BLAISE.

A R I E T T E. Noté N°. 1.

Tiens, ma femme, je t'en prie,
Ne me donne point de chagrin.
Jouissons aujourd'hui de la vie,
On peut mourir demain.

BLAISINE.

De faim, de faim.

---

* Comme dans le cours de ce Duo Blaise a moins à dire que Blaisine qui est agitée d'une plus grande passion, il faut que Blaise occupe la Scene en faisant une espece de toilette. Qu'il mette ses boutons de manche, son col noir. Qu'il ôte son bonnet, mette sa perruque, range sa table, &c.

SCENE II.

BLAISE, BLAISINE, UN HUISSIER ET DEUX RECORDS.

UN RECORD, *parlant du nez.*

NOus venons, Monfieur, pour vous éxécuter de la part de M. Pince votre hôte.

BLAISINE.

Quoi !

BLAISE, *contrefaifant le Record.*

Paix : nous venons, Monfieur, pour vous préfenter....

LE RECORD, *plus haut.*

Nous venons, Monfieur, pour vous éxécuter de la part de Mr. Pince votre hôte, Huiffier à verge au Châtelet de Paris, & propriétaire de cette maifon.

(Blaife ici fe gratte l'oreille, &
Blaifine joint les mains.)

BLAISINE.

Hé ! bien, je te l'avois bien dit ; que je fuis malheureufe !

BLAISE, *frappant du pied.*

Morbleu !

BLAISINE.

QUATUOR. 4.

Hé ! bien, hé ! bien, es-tu content ?

BLAISE.

Non, morbleu, Mathurin m'attend.

LE RECORD, *chantant du nez.*

Ecrivez, écrivez.

BLAISINE.

Es-tu preffé de boire ?

LE RECORD.

Ecrivez une armoire.....

BLAISINE.

Peux tu payer, peux-tu payer ?

LE RECORD.

De bois de noyer.

LE SECOND RECORD.

De bois de noyer.

BLAISINE.

Hé ! bien, es-tu preffé de boire ?

BLAISE.

Je ne fuis plus preffé de boire.

BLAISINE.

Peux-tu payer, peux-tu payer ?

BLAISE.

Mais que diantre peuvent-ils tant écrire?

BLAISINE.

Hé ! tes meubles.

BLAISE.

Ils ne t'écriront pas peut-être.

BLAISINE.
Comment ! tu peux rire encor !
BLAISE.
Je ris de colere, car je crois que je les affommerois.

SCENE III.

Les Acteurs précédens.

Mde. **PINCE**, *ton acariâtre, & bavarde.*

Mde. PINCE.

AH ! vous ne voulez pas payer
Votre loyer ,
Canailles que vous êtes !
Vous faites
Des dettes ,
Sans travailler :
Sur votre porte, à babiller
Vous paffez tout le jour comme un Prince.

UN RECORD, *continuant à dicter.*
De bois de Noyer.

BLAISINE.
Madame Pince.

BLAISE.
Madame Pince.

Mde. PINCE.
Tout le jour comme un Prince.

BLAISINE.
Madame Pince.

BLAISE.
Madame Pince.

LE RECORD.
L'escabeau,
La lampe & le tréteau.

Mde. PINCE.
Oui, tout ira sur le carreau.

LE RECORD.
Une moitié de rideau.

Mde. PINCE.
Comme un Prince, comme un Prince.

BLAISINE.
Madame Pince.

BLAISE.
Madame Pince.

BLAISINE.
Donnez-nous du tems.

BLAISE.
Dans quelques inſtans.

Mde. PINCE.
Non, non de l'argent,
Et comptant, & comptant.
Cent écus, c'eſt la ſomme

Du billet, & le courant :
C'eſt ce qu'il faut à notre homme.
Le voici qu'il va venir ;
Vous n'avez qu'à vous bien tenir.

SCENE VI.

BLAISE, BLAISINE.

BLAISINE.

AH ! Blaiſe.

BLAISE.

Ah ! Blaiſine, ah ! j'enrage.

BLAISINE.

Au bout de ſix mois de ménage.
Voir vendre ſur le carreau
Et mes meubles & mon trouſſeau !

BLAISE.

Ah ! j'enrage.

BLAISINE. 6

ARIETTE : notée N°. 2.

Lorſque tu me faiſois l'amour,
Qu'as tu promis à ma mere ?
Ma pauvre mere !

Tu lui difois, oui, ma commere,
Oui, ma commere,
Je vous jure que tout le jour
Je refterai dans la boutique
A travailler,
* Et votre fille ira chez la pratique
Se faire payer.
C'eft au rebours,
Tu cours, tu cours:
Hélas! cela me défefpere.
Pendant le cours
De nos amours,
Qu'as tu promis à ma mere?

BLAISE.

C'eft vrai, j'ai tort.

BLAISINE.

Eft-ce au mari à l'avoir?

BLAISE.

Allons, je ne fortirai pas, je vais me mettre à travailler.

BLAISINE.

Il eft bien tems.

BLAISE.

Mais Mathurin.

BLAISINE.

Hé bien!

---

* Pendant le cours de cette Ariette, Blaife doit paroître fen-
fible aux reproches de fa femme, & cependant défirer d'aller
trouver Mathurin; il cherche des moyens & n'en trouve pas,
il approche fon efcabeau, ôte fa perruque, fe prépare à l'ouvrage, &c.

BLAISE.

Dis-lui que je n'irai pas.

BLAISINE.

Allons, j'y cours.

BLAISE, *après avoir rêvé.*

Ecoute, écoute, fi j'y allois, moi.

BLAISINE.

Pour lui dire que tu n'iras pas.

BLAISE.

Tu as raifon ; mais il nous prêteroit
peut-être de l'argent.

BLAISINE.

Bon ! les amis de bouteille !

BLAISE.

Pourquoi non?

BLAISINE. 7

Air : *J'ai vû de notre Roi.*

Tiens, tu me fais pitié,
Par ton peu de courage.
Du moins, par amitié,
Prends vîte ton ouvrage :
Allons
Remets vite des bouts à ces talons,
Et d'aujourd'hui fois fage.

BLAISE.

Ma petite femme ne te mets pas en colere, me pardonnes-tu ?

BLAISINE.

Il m'eſt bien force.

BLAISE

Mais que faire ?

BLAISINE.

Que devenir ?

BLAISE.

Je ſçais bien d'où cela vient.

BLAISINE.

Et moi auſſi.

BLAISE.

C'eſt un tour de Madame Pince.

BLAISINE.

C'eſt un tour de Monſieur Pince.

BLAISE.

De Madame.

BLAISINE.

De Monſieur.

BLAISE.

De la femme, je te dis.

BLAISINE.

Non , du mari ; tu ne ſçais pas que Monſieur Pince m'a aimée & m'aime encore.

BLAISE.

Mais tu ne ſçais pas , toi , que Madame Pince m'aimoit.

BLAISINE.

BLAISINE *frappant des mains.*

Toi ?

BLAISE.

Oui, & qu'avant leur mariage & le nôtre......

BLAISINE.

Mais moi, pendant deux ans.

BLAISE.

Mais moi, pendant six mois.

BLAISINE.

Il venoit chez nous.

BLAISE.

Elle m'attiroit chez elle : & plus de cent fois ....

BLAISINE.

Et moi plus de mille ; alors il ne m'appelloit pas Blaisine, il m'appelloit Mademoiselle Margot, & toujours le chapeau bas. Ah ! il me vient une idée ; cache-toi, cache-toi ; il va venir, je crois que le voici ; oui, oui, cache-toi, & laisse-moi faire.

B

SCENE V.

BLAISINE, M. PINCE, BLAISE *caché.*

M. Pince dans le fond du Théâtre vient lentement appuyé sur une petite canne, tire son porte-feuille, ses lunettes : il fait, avec un crayon, une petite note des meubles : il examine l'armoire, & ne paroît faire qu'une médiocre attention au commencement de l'Ariette.

BLAISINE.

ARIETTE : notée. N°. 3.

AH ! le scélérat !
Il me frappe,
Et s'échappe.
Ah ! le scélérat !
Il me bat.
La colere
Me suggere
De me venger
D'un mari qui sçait m'outrager.

* Ah ! le scélérat !
Il me frappe,
Et s'échappe.
Ah ! le scélérat !
Il me bat.

M. PINCE.

Hé bien !

BLAISINE.

Me battre, m'assommer ! & mes meubles vont être vendus !

M. PINCE.

Hé bien ! hé bien !

BLAISINE.

Ah ! que n'écoutois-je mon ami Pince ? il auroit fait ma fortune ; je l'aimerois, il m'auroit aimée.

M. PINCE.

Elle parle de moi.

BLAISINE.

J'aurois mieux valu que la femme qu'il a.

M. PINCE.

C'est vrai, c'est vrai.

BLAISINE

Je l'aimerois tant.

---

* A la reprise de cette Ariette, Blaisine pour varier son jeu, peut s'asseoir sur l'escabeau, un coude sur l'établi, regarder par-dessous son bras si M. Pince l'écoute.

M. PINCE.

Elle m'aimeroit ! Mademoiſelle Margot.

BLAISINE, *faiſant la pleureuſe.*

Ahi ! ahi ! ahi !

M. PINCE.

Mademoiſelle Margot.

BLAISINE.

Ah ! vous voilà, Monſieur, je ſuis votre ſervante.

M. PINCE.

Qu'avez-vous à Pleurer ?

BLAISINE.

Je ne pleurois pas ; ahi !

M. PINCE.

Ah ! vous pleuriez, vous pleuriez ; qu'a-vez-vous ?

BLAISINE.

Il m'a aſſommé de coups.

M. PINCE.

Ah ! le miſérable ! Si vous vouliez, ſi vous vouliez m'écouter.

BLAISINE, *pleurant.*

Ahi ! ahi !

M. PINCE.

Je ferois votre bonheur, & vous feriez le mien.

BLAISE, *caché.*

Ah ! le vieux coquin.

M. PINCE.
Hin.

BLAISINE.

Hin, hin. Je n'entends pas ce que vous
voulez dire.

M. PINCE.

Je ferois votre bonheur, & vous feriez
le mien.

BLAISINE.

Je n'entends pas ; ahi ! ahi !

M. PINCE.

Vos meubles.....

BLAISINE.

Hé bien ! mes meubles !

M. PINCE.

Vos meubles resteroient.

BLAISINE.

Voyez mon bras ; il est tout noir.

M. PINCE.

Ce que vous dites noir, je le vois fort
blanc : ah ! qu'il est beau ! (*Il veut le baiser*).

BLAISINE.

Ah ! ah ! finissez.

M. PINCE.

Peut-être le billet.....

BLAISINE , *montrant sa main.*

Ah ! ah ! voyez un autre coup.

B iij

M. PINCE.

C'eſt vrai, cela me paroît gros. (*Il y porte la ſienne.*)

BLAISINE.

Ahi, ahi, vous me faites mal.

M. PINCE.

Que d'appas ! Tenez, Mademoiſelle Margot, je vous rends le billet ſi..... (*Ici Blaiſine le regarde d'un coup d'œil indécis, qu'il prend pour de la colere.*) Ne vous a-t-il fait que cela ? montrez-moi donc tout ce qu'il vous a fait. Je crois appercevoir une marque.

BLAISINE.

Oui, j'en dois avoir encore une.

M. PINCE. 9

ARIETTE.

Où donc ?

BLAISINE.

Au coude.

M. PINCE.

Hé bien ! voyons.

BLAISINE.

Non, non.

M. PINCE.

Pourquoi, Blaiſine, ces ſoupçons ?
Laiſſez, laiſſez.

BLAISINE

Non , non. Ah! c'est sensible.

M. PINCE.

Sçavez-vous que Blaise est terrible.

Tenez , Mademoiselle Margot , prenez votre billet : nous sommes seuls , prenez votre billet ; je vous demande seulement... seulement que vous ayez pour votre petit serviteur.....

BLAISINE.

Vous vous moquez de moi , M. Pince ; un homme comme vous !

M. PINCE.

Pourquoi , pourquoi ?

BLAISINE.

Un Huissier à verge !

M. PINCE.

Oh ! je ne suis pas fier , moi.

BLAISINE.

Ah ! vous ne m'avez jamais aimée.

M. PINCE.

Quoi ! moi ? Ah ! je vais bien vous prouver le contraire ; cette affaire d'aujourd'hui , par exemple , j'ai fait souffler l'assignation , j'ai obtenu prise de corps contre votre mari ; (*Ici Blaise paroît en colere & le menace du poing : sa femme lui fait signe de se cacher.*) je voulois le mettre en priſon ; ma femme vouloit que ce fût vous ; mais outre que cela ne ſe peut pas, je ne l'ai pas voulu. Ah ! Madame Blaiſine ! Ah ! Mademoiſelle Margot ! Tenez, voilà le billet, prenez, prenez.

(Il met le billet dans la main de
Blaiſine qu'il tient.)

BLAISINE.

Non, je veux payer.

M. PINCE.

Vous êtes la maîtreſſe du payement.

BLAISINE.

Non, non.

M. PINCE.

Prenez, je vous en prie, je vous en prie.

BLAISINE, *faiſant la pleureuſe.*

Votre femme doit revenir.. ir... la porte... je vais la fermer.. er.. les voiſins.. ins.. votre femme.... la porte.... mon mari.... attendez.

M. PINCE.

ARIETTE : notée. N°. 4.

L'argent ſeul fixe le caprice ;
L'argent ſeul ſçait donner la loi.
Ah ! quels momens ! ah ! quel délice !
Ah ! que de plaiſir j'entrevoi !
*Hier farouche, aujourd'hui toute à moi.

---

* Pendant le cours de cette Ariette, M. Pince peut po-

L'argent feul fixe le caprice ;
l'argent feul fçait donner la loi.

B L A I S I N E *s'avance pendant le cours de l'Ariette, trouve fon mari qui vient pour frapper M. Pince ; elle le repouffe, le force de fe cacher & s'écrie :*

O ciel ! voici mon mari ; il ne fera ici qu'un inftant, il va à deux lieues d'ici chercher de l'argent ; mettez-vous dans cette armoire : s'il vous trouve ici, il vous tuera.

M. PINCE.

Où ! où ! mais, fi.....

B L A I S I N E.

Hé ! vîte, hé ! vîte.

M. PINCE, revenant pour prendre fa canne & fon chapeau.

Mais, mais.....

(Blaifine l'enferme.)

---

fer fur l'établi fa canne & fon chapeau avec diftraction, & s'affeoir fur l'efcabeau à la reprife de l'air.

SCENE VI.

BLAISE, BLAISINE; M. PINCE *dans l'armoire.*

BLAISE.

Vas vîte chercher sa femme.

BLAISINE.

Mais.....

BLAISE.

Ne t'embarraffe pas.

(Blaifine va pour fortir & revient fur fes pas pour répondre à Blaife qui dit :)

Pourquoi es-tu fi longtems à m'ouvrir ?

BLAISINE.

Je ne m'attendois pas à vous voir revenir.

Blaife commence l'Ariette fuivante en lui faifant figne de s'en aller : elle refte dans le fond du Théâtre jufqu'à, réponds, réponds : non, mon ami ; pour lors elle comprend la rufe de Blaife & fort en riant.

BLAISE.

Ariette : notée. N°. 5.

Cet air interdit
Me dit,

Coquine ,
Que dans ces lieux , à la ſourdine,
En l'abſence de ton mari,
Tu reçois un favori ,
À la ſourdine.
Réponds , réponds : non , mon ami.
Blaiſine ſort.

SCENE VII.

BLAISE, & M. PINCE *dans l'armoire.*

BLAISE.

Non, comment ! non. Non, mon ami!
Tiens , voilà pour ton démenti :
Hi , hi , hi.
N'eſt-il point caché ſous ce lit ?
Hi , hi.
Si je le trouve dans mon dépit,
Je veux l'écraſer ſur la place ,
Point de grace.
N'eſt-il point là , n'eſt-il point ici ?
Hi , hi.
On ne peut m'en faire accroire :

* Il imite le bruit du ſoufflet qu'il paroît lui donner.

Donne-moi la clé de l'armoire.
Hi , hi , hi (*plus fort.*)
Je me moque de tes larmes ;
Tes pleurs ont des charmes
Pour moi.
Quoi!
Tu voudrois m'en faire accroire!
Donne-moi la clé de l'armoire.
Je ne l'ai pas , je ne l'ai pas.
Tu ne l'as pas , tu ne l'as pas !
Tu voudrois m'en faire accroire.
Donne moi la clé de l'armoire :
Mais c'est trop balancer ,
Et pour l'enfoncer ,
Je vais là-haut chercher une massue ;
Si tu sors d'ici , je te tue.

*Blaise fait semblant de sortir , frappe à la
porte de l'armoire, & contrefaisant sa voix.*

Monsieur Pince, Monsieur Pince, je
ne sçais que devenir ; il va descendre.

M. PINCE.
Ouvrez-moi, Madame Blaisine , ouvrez-moi.

BLAISE.
J'ai jetté la clé derriere le coffre , vous
n'avez qu'une chose à faire.

M. PINCE.
Hé quoi ! dites donc , dites donc.

BLAISE.

De vous recommander au Ciel.

M. PINCE.

O ciel ! ô ciel ! maudite armoire ! Ah ! fi j'euffe....

BLAISE.

Paix, paix : le voilà qui revient avec fa maffue.

SCENE VIII.

BLAISE, BLAISINE, & M. PINCE *dans l'armoire.*

BLAISINE.

Elle me fuit.

BLAISE.

Oh ! tu ne veux pas me donner la clé de cette armoire où eft caché ton favori. Enfonçons, enfonçons.

BLAISINE.

Hé, mon ami ! hé, mon ami ! je vais vous dire la vérité.

BLAISE.

La vérité ?

BLAISINE.

La vérité.

BLAISE.

Mais prends garde à la vérité que tu vas me dire.

BLAISINE.

Oui, mon cher ami. Monsieur Pince.....

BLAISE.

Monsieur Pince, hé bien ?

BLAISINE.

Hé bien ! cet honnête homme qui faisoit vendre nos meubles est venu ; il a trouvé que je pleurois.

BLAISE.

Hé bien ?

BLAISINE.

Hé bien ! il m'a parlé, il m'a parlé ; il m'a dit comme ça que.... il ne vouloit avoir affaire qu'à moi : les femmes font plus douces & moins trompeuses.

BLAISE.

Hé bien ?

BLAISINE.

Hé bien ! je l'ai payé.

BLAISE.

Payé ! comment payé ?

BLAISINE.

De tes épargnes, & voilà notre billet.

BLAISE.

C'eſt bon, c'eſt bon ; & cet homme qui eſt dans cette armoire ?

BLAISINE.

Ce n'eſt pas moi qui l'y ai mis.

BLAISE.

Il y en a donc un ?

BLAISINE.

Oui, mon ami ; je ſçavois que vous vouliez vendre cette armoire.

BLAISE.

Hé bien ?

BLAISINE.

Hé bien ! je l'ai propoſée à Monſieur Pince qui s'eſt enfermé dedans pour voir ſi elle fermoit bien.

BLAISE.

Eſt-ce là la vérité ?

BLAISINE.

Oui, mon ami ; demandez plutôt.

M. PINCE.

Oui, mon cher Monſieur Blaiſe, oui c'eſt la pure vérité.

BLAISE.

Je te pardonne donc en faveur de la pure vérité. Vous pouvez ſortir, Monſieur Pince, ne craignez rien.

M. PINCE.

Je le voudrois bien, c'eſt que.....

BLAISE.

Quoi ?

M. PINCE. 12

Ariette *en Dialogue.*

Le reſſort eſt , je crois , mêlé.

BLAISINE.

Mon fils , le reſſort eſt mêlé.

BLAISE.

Par ici paſſez moi la clé.

M. PINCE.

La clé ?

BLAISINE.

La clé.

BLAISE.

La clé

M. PINCE.

La clé ?

BLAISE.

Hé ! oui , la clé , morbleu , la clé , la clé.

M. PINCE.

Je ne l'ai pas.

BLAISE.

O ciel !

BLAISINE.

Je tremble !

BLAISE

Ah ! vous vous entendez enſemble.

Ah ! coquine , tu m'as trompé ; je ſçavois bien qu'il y avoit quelque choſe là-
deſſous ; je veux t'écraſer ſur la place. (*tout
bas*). Fuis-t'en , voici Madame Pince.

SCENE IX.

SCENE IX.

BLAISE , Mr. PINCE , Me. PINCE.

Mr. PINCE.

MOn cher Monsieur Blaise, je vous dirai que....
(Il se cache dans l'armoire , sitôt qu'il
entend sa femme , qui parle ,)

Me. PINCE.

Hé ! bien, vous voulez donc payer ?

BLAISE, *à part.*

Cette glorieuse !

Me. PINCE.

Je n'ai pú trouver mon mari.

BLAISE.

Et quand je te fais caresse , c'est à toi d'y répondre.

Me. PINCE.

Blaise , Maître Blaise.

BLAISE.

Oui , à toi , à toi , trop d'honneur. Ah ! Madame , bon jour ; vous le sçavez , Madame Pince , que je pouvois épouser des femmes qui valoient cent fois mieux qu'elle ; mais il faut être discret , & ne jamais nommer personne.

C

Me. PINCE.

Ah ! c'eſt vrai. Enfin M. Blaiſe vous voulez donc terminer ?

M. PINCE.

Oui, Madame, j'ai payé à votre mari, & voilà mon billet. Cette coquine !

Me. PINCE.

Tredame , Maître Blaiſe , vous êtes donc bien riche. C'eſt bien , c'eſt bien.

BLAISE.

Que diriez-vous d'une femme... ? Ah ! Madame Pince , j'ai bien du chagrin.

Me. PINCE.

En quoi ?

BLAISE.

Du dépit.

Me. PINCE.

Pourquoi ?

BLAISE.

Du regret.

Me. PINCE.

Hé ! de quoi s'agit-il, mon pauvre Blaiſe ?

BLAISE.

Vous m'avez autrefois témoigné de la bonne volonté ; enfin n'en parlons plus. Je ſouhaite que vous ſoyez heureuſe avec votre mari ; j'en ſuis bien puni. Que di-riezvous d'une femme.... ?

Me. PINCE.

De la vôtre ?

BLAISE.

Hé ! de qui donc ?

Me. PINCE.

Hé ! que vous a-t-elle fait ?

BLAISE.

Dites ce qu'elle ne me fait pas. Madame Pince, on est jeune, on est caressant ; je suis toujours à lui faire mille amitiés ; si je me croyois, je lui en ferois toute la journée. A l'instant même ... mais elle me rebute, elle me repousse, elle m'envoye promener ; c'est bien chagrinant, Madame Pince, & je suis bien sûr que vous ne faites pas comme cela avec Mr. Pince.

Me. PINCE. ɔ.

ARIETTE. Notée No. 6.

Lui ! ah ! le pauvre homme !
Il n'a pas son semblable à Paris.
Sa froideur m'assomme.
C'est le plus sot des maris.
Ah ! le pauvre homme,
Quand je m'approche,
*   Il me reproche
Qué je suis toujours près de lui.
Il me repousse,

---

* Pendant cette ariette Blaise attire Madame Pince du côté de l'armoire, & Mde. Pince, qui se trompe dans ses idées, ramene Blaise sur le devant du Théâtre ; il répete avec elle, *Ah ! le pauvre homme !* en regardant l'armoire.

Et puis il touffe.
Je ne puis mourir que d'ennui.
Ah *!* le pauvre homme ! &c.

BLAISE.

Comme j'aimerois une femme comme vous! Ah ! fi votre mari mouroit...

Me. PINCE.

Il ne peut pas vivre longtems ; il a un afthme.

BLAISE.

Il a un aftheme ! Ah ! s'il mouroit.

Me. PINCE

Hé ! bien , mon pauvre Blaife !

BLAISE.

Comme je vous épouferois,

Me. PINCE.

Et ta femme ?

BLAISE.

'Ah ! elle mourroit auffi ; je la connois.

Me. PINCE.

Tu m'épouferois ?

BLAISE.

Et vous , Madame Pince?

Me. PINCE.

Ah *!* ne t'ai-je pas toujours aimé ; je t'aime encor. Quelle certitude en veux-tu, mon cher Blaife?

SCENE X.

Mr. PINCE, BLAISE, Me. PINCE, BLAISINE. 14

(M. Pince donne un coup de pied dans l'armoire, & en fort.)

Me. PINCE.	BLAISE.
Oh ! Ciel !	Oh ! Ciel !

QUATUOR.

Mr. PINCÉ, *à fa femme.*	Me. PINCE, *à Blaife.*
Ah ! grands Dieux ! puis-je le croire ?	Ah ! grands Dieux ! puis-je le croire ?
Blaife a pour toi des appas, Tu defires mon trépas.	Peux-tu me tendre un appas, Oui, je voudrois (& *à fon mari,*) ton trépas.
Ame noire, Cette armoire Me vange de ce tracas.	Ame noire, Cette armoire Prouve ton maudit tracas.
BLAISE, *riant.*	**BLAISINE.**
Ah ! ah ! ah ! grands Dieux ! puis-je le croire ?	Ah ! grands Dieux ! puis-je le croire ?
Ma femme a quelques appas, Sans attendre mon trépas	Blaife a pour toi des appas, Tu defires mon trépas.
Ame noire Dans l'armoire Tu méditois tes ébats.	Ame noire, Cette armoire Me venge de ce tracas.

(Blaife & Blaifine mettent Mr. Pince & Me. Pince à la porte. Ils fortent en fe menaçant l'un l'autre.)

SCENE XI.

UN GARÇON DE CABARET, BLAISE ET BLAISINE.

LE GARÇON.

SÇAVEZ-VOUS que Mathurin s'impatiente, & que si vous ne venez pas, il va venir lui & toute la nôce.

BLAISE.

Nous y allons.

BLAISINE.

A l'inftant.

(Ils s'embraffent.)

D U O.

Dans le plus paifible ménage,
Souvent pour un oui, pour un non,
Il arrive quelque tapage.
L'homme & la femme hauffent le ton,
Grand bruit alors dans la maifon.
Mais quand l'Amour dit qu'on fe taife,
Le bruit s'appaife.
L'homme & la femme baiffent le ton,
Tout fe remet à l'uniffon.

SCENE XII.

MATHURIN, BLAISE, BLAISINE.

MATHURIN.

Est ce-que tu te moques de nous, de nous faire attendre ?

BLAISE, *riant.*

Ah ! ah ! ah ! nous allons passer la journée ensemble.

MATHURIN.

Tant mieux.

BLAISINE.

Hé ! bien, hé ! bien , ne voilà-t-il pas toute la nôce ?

MATHURIN.

Je te l'avois bien dit.

BLAISE.

Vive la joie. Tiens ma femme , c'est aujourd'hui la nôtre aussi.

BLAISINE.

Soit.

C iv

SCENE XIII. *& derniere.*

Les Acteurs Précédens, NICAISE & BABICHE, *& quelques personnes de la nôce qui apportent des pintes & des verres.*

NICAISE.

BON JOUR, mon parein.

BABICHE.

Bon jour ma cousine.

BLAISINE.

Bon jour, Babiche; bon jour; ma fille.

BLAISE.

Bon jour, mon garçon.

NICAISE.

Mon garçon, c'étoit bon hier; je suis un homme à présent.

(La mariée BABICHE ricanne.)

Hin, hin.

BLAISINE.

Bon jour, Madame la Mariée; êtes-vous bien contente?

BABICHE.

Hin, hin.

BLAISE.

Ça vaut-il mieux que d'être fille?

BABICHE.

Hin, hin, hin.

NICAISE.

Tais toi donc, tu la ferois rire toute la journée.

BLAISE.

Air : *Si votre femme vous chagrine.*

Imite-nous, mon cher Nicaise,
Aime ta moitié,
De bonne amitié.

BLAISINE.

Lorsque je suis auprès de Blaise,
Un Cresus
Près de ses écus
Est moins que moi bien aise,

BLAISE.

Je me crois
Blaisine, avec toi ;
Plus heureux qu'un Roi.

BLAISINE, *à Babiche.*

Si quelqu'un t'apporte quittance,
Et veut t'en conter,
Feins de l'écouter,
Et plume-le moi d'importance.
Ces muguets
Qui, pour nous flatter,
Nous parlent de finance,
Ne sont faits
Que pour régaler,
Et pour s'en aller.

BABICHE.

Je ne fçais pas ce que vous voulez dire.

BLAISE.

On nous entend bien.

(Ici Mathurin qui eſt une eſpece de la Tulipe qui fume ſa pipe , fait ſigne à Blaiſe & à Blaiſine de venir boire un coup à une table dreſſée ſur un des côtés du Théâtre. Il entre une femme miſe en Harangere qui ſe joint à eux ; enſuite vient une petite Crémiere. Ils boivent auſſi un coup avec eux. La Crémiere vient ſe joindre à Nicaiſe à la fin de ſes couplets , & la Harangere à la fin de celui de la Crémiere.

NICAISE.

Air : *Achetez de mes bagatelles.*

Moi, je n'aim' que ma petit' Babiche.
BABICHE.
Je n'veux qu'Nicais' pour mon mari.
NICAISE.
D'amitié je n' s'erai jamais chiche.
BABICHE.
Toujours d' moi tu t' verras cheri ;
Car quand j'te vois j'ſaut' comme une biche.
NICAISE.
Moi, je danſe comme un cabri ;
Car je n'aim' que ma petit' Babiche.

BABICHE.

Je n'veux qu'Nicais' pour mon mari.
Si jamais Nicaife me triche,
Mon cœur en fera bien marri.

NICAISE.

Ce s'eroit dommag' d'l'aiffer en friche
Un jardin fi beau, fi fleuri ;
Mais j'naim' que ma petit' Babiche.

BABICHE.

Je n'veux qu'Nicais' pour mon mari.

NICAISE.

Ne crains pas qu'd'ici l'on t'déniche.

BABICHE.

Ne crains pas qu' j'aye un favori.

NICAISE.

Ah ! bon Dieu, que j's'rois bientôt riche !
   Si dans Paris
   L'Amour avoit un prix !
Car j'n'aim' que ma petit' Babiche.

BABICHE.

Je n'veux qu'Nicais' pour mon mari.

LA CREMIERE.

Oh ! comme c'eft tendre ! mais comme
dit la chanfon ;

   Ça n'dur'ra pas toujours,
   Ça n'dur'ra pas toujours.

NICAISE.

Sçavez-vous , Mam'felle , que vous
pourriez bien vous aller promener avec
votre chanfon ?

LA CREMIERE.

Hé ! mais, c'est qu'c'est dans le vrai, mon pauvr' Nicaise.

LA MARIÉE.

Vous êtes bien heureuse, ma cousine, d'être parente de la nôce ; entendez-vous.

NICAISE.

Oui , sans doute ; car vous n'seriez pas du repas.

LA CREMIERE.

Hé ! mais, je n'fais de mal à personne.

LA HARANGERE.

Hé ! mais vraiment, Madame j'ordonne, toutes vérités ne sont pas bonnes à dire : n'faut rien pour dégoûter des jeunes gens, & ils n'ont pas besoin de ça, entendez-vous ?

MATHURIN, *en ôtant sa pipe.*

Allons , allons, dansons , donnez-moi la main, la petite Crémiere. (*Il se met pour danser ; la Tante se met à gauche.*) Mais je ne peux pas danser avec vous deux.

LA HARANGERE.

Monsieur apparemment n'sçait pas que j'suis la Tante.

MATHURIN.

Hé ! bien, dansez donc , Madame la Tante.

LA HARANGERE.

Sans doute , & il faut que la Mariée danſe auſſi la premiere.

LA MARIÉE.

Hé ! mais , ma Tante.

LA HARANGERE *ôte ſon bonnet, prend un chapeau , le met ſur ſa tête.*

Allons, allons , je ſerai l'homme.

BLAISE.

Sçais-tu que ta Tante eſt une drôle de femme ?

NICAISE.

Ah ! ſi j'n'en héritions pas.

LA TANTE.

Allons, Monſieur, un menüet , & un beau. (*Après le menuet qui eſt fort court.*) Ma niece , vous ne le faites pas long , vous ne gagnerez pas d'entorſe.

(La Mariée prie le Marié.)

NICAISE.

Ah ! ſi j'avois mon habit noir d'hier , je danſerois mieux.

BLAISE.

Que ne le mettois tu ?

NICAISE.

Oh! ma Tante dit que ce n'eſt pas la politeſſe, & qu'on eſt le lendemain autrement que l'jour.

(Le menuet fini, il entre d'autres danſeurs. Pendant ce temps on ôte la table & l'armoire. Blaiſe ordonne, & fait ranger les meubles avec Blaiſine. Ils ôtent l'eſcabeau. Blaiſine veut donner un coup de balai.

C'eſt bon, c'eſt bon, notre bourgeoiſe.
NICAISE.
Allons plutôt joindre la nôce, la ſalle eſt plus grande.

(Enſuite un Ballet général dans lequel il y aura une entrée d'Ivrognes, & la Piece finit par le Ballet.

F I N.

A P P R O B A T I O N.

Lû & approuvé ce 24 Juin 1759. CRÉBILLON.

Vû l'Approbation, permis d'imprimer à la charge d'enregiſtrement à la Chambre Snydicale, ce 27 Juin 1759.
BERTIN.

Le Privilége & l'Enregiſtrement ſe trouvent au nouveau Théâtre de la Foire.

Catalogue de Parodies & Opera Comiques.

De M. FAVART.

Mouinet premier.
La Chercheuse d'Esprit.
Le prix de Cythere.
Le Coq du Village.
Acajou.
Amours Grivois.
Le Bal de Strasbourg.
La Servante justifiée.
Hippolite & Aricie.
Les Batteliers de S. Cloud.
La Coquette sans le sçavoir.
Thésée, Parodie.
Cythere assiégée.
L'Amour au Village.
Amans inquiets.
Les Indes dansantes.
Les Amours champêtres.
Fanfale.
Raton & Rosette.
Musique de Raton & Rosette.
Tircis & Doristhée.
Baiocco.
Les Amours de Bastien & Bastienne.
Le Bal Bourgeois.
Zéphyre & Fleurette.
La Fête d'Amour, Comédie.
Les jeunes Mariés.
La Bohemienne, Comédie.
La Musique de la Bohemienne, 2 Parties.
Les Chinois.
La Musique des Chinois.
Les Nymphes de Diane.
Ninette à la Cour.
La Musique de Ninette, 4 parties.
L'Amour impromptu, Parodie.
Le Mariage par escalade.
La Répétition interrompue, Op. C.
Les Ensorcelés, ou Jeannot & Jeann.
La Nôce interrompue.
La Fille mal gardée, Parodie.
La soirée des Boulevards.
La Musique de la soirée.

1759.

Petrine, Parodie de Proserpine.

De M. VADE'.

La Fileuse, Parodie.
Le Poirier, Opera Comique.
Le Bouquet du Roi.
Le Suffisant.
Les Troqueurs & le Rien, Parodie.
Airs choisis des Troqueurs.
Le Trompeur trompé.
Il étoit tems, Parodie.
La nouvelle Bastienne.
La Fontaine de Jouvence.
Les Troyennes de Champagne.
Jerôme & Finchonnette, Pastorale.
Le Confident heureux.
Follette ou l'Enfant gâté.

Nicaise, Opera Comique.
Les Racoleurs, Opera Comique.
L'Impromptu du cœur.
Le mauvais plaisant, Opera Com.
Les Canadiennes, Comédie.
La Pipe cassée, Poëme.
Les Bouquets Poissards.
Les Lettres de la Grenouillere.
Oeuvres posthumes, faisant le Tome quatriéme, contenant les Amans constans jusqu'au trépas, des Fables & Contes, des Chansons avec la musique, & divers morceaux de Poësie, &c.

De M. ANSEAUME.

Le Monde renversé.
Bertholde à la Ville, avec les Ariettes.
Le Chinois poli en France.
Les Amans trompés, Opera Com.
La fausse Aventuriere.
Le Peintre amoureux de son Modele.
Le Docteur Sangrado, Opera Com.
Le Medecin d'Amour.
Les Ariettes du Medecin d'Amour.
Cendrillon.

Suite des Opera Comiques de differens Auteurs.

Le Troc, Parodie des Troqueurs avec la Musique, 3 liv. 12 sols.
Le Retour favorable.
La Rose ou les Fêtes de l'Hymen.
Le Miroir Magique.
Le Rossignol, avec la Musique.
Le Dessert des Petits Soupers.
Le Calendrier des Vieillards.
La Coupe enchantée.
Les Filles, Opera Comique.
Le Plaisir & l'Innocence.
Les Boulevards.
L'Ecole des Tuteurs.
Zephire & Flore.
La Péruvienne.
Les Fra Maçonnes.
L'Impromptu des Harangeres.
La Bohemienne, avec la Musique.
Le Diable à quatre, avec les Ariettes.
Les Amours Grenadiers.
La Guirlande.
Le Quartier Général, Opera Com.
Le Faux Dervis, Opera Comique.
Le Nouvelliste, Opera Comique.
Gilles, Garçon Peintre.
Le Magazin des Modernes.
L'heureux Déguisement.
Les Ariettes de l'heureux Déguisem.

1759

La Parodie au Parnasse.
Blaise Savetier, Opera Comique.
La Musique du même.
Le Retour de l'Opera Comique.

L'Amusement des Dames, ou Recueil des Menuets, Contre-Danses, Vaudevilles, Rondes de Table, 10 parties, 1 vol. *in-8*. 12 l.

La Toilette de Vénus dressée par l'Amour, contenant des Menuets, Contre-Danses, Vaudevilles, 10 parties, 1 vol. *in-8*. 12 l.

Le passe-tems agréable & divertissant, Vaudevilles, Rondes de Table, Duo, Brunettes & autres, 10 parties, 1 vol *in-8*. 12 l.

Les Desserts des petits Soupers de Madame de ... 10 parties 1 vol. *in-8*. 12 l.

L'Année Musicale, contenant un Recueil de jolis airs, parodies, en 20 part. formant 2 vol *in-8*. 24 l.

Les Thémiréïdes, ou Recueil d'Airs à Thémire, 3 parties, par M. l'Abbé de l'Attaignant. 3 l. 12 f.

Amusemens champêtres, ou les Aventures de Cythere, Chansons nouvelles à danser, 2 parties. 2 l. 8 f.

Recueils d'Airs & Menuets, Contre-Danses, Parodies chantés sur les Théâtres de l'Académie Royale de Musique, & de l'Opera-Comique, 17 parties, chaque partie se vend séparément, 1 l. 4 f.

Recueils des Menuets, Contre-Danses & Vaudevilles chantés aux Comédies Françoise & Italienne, 13 parties. 15 l. 12 f.

Le Troc, Parodie des Troqueurs, avec toute la Musique. 3 l. 12 f.

Airs choisis des Troqueurs. 1 l. 4 f.

Ariettes du Medecin d'Amour. 2 l. 8 f.

Ariettes de l'heureux Déguisement. 2 l. 8 f.

Airs choisis de la Bohemienne. 1 l. 4 f.

La Musique de la Pipée. 1 l. 10 f

Ariettes de Ninette à la Cour, 4 parties. 6 l. 18 f.

Ariettes de Blaise le Savetier, 1 l. 4 f.

Musique de la soirée des Boulevards. 1 l. 4 f.

Menuets nouveaux en Concerto, Contre-Danses, 4 parties. 4 l. 16 f.

Les Loix de l'Amour, ou Recueil de differens Airs, 3 parties. 3 l. 12 f.

Cantatille nouvelle des Talens à la mode, de M. de Boissi. 1 l. 4 f.

Choix de differens morceaux de Musique, 2 part. 2 l. 8 f.

Le volume se vend 12 livre, & le cahier 24 sols; le tout, séparément.

ARIETTES

DE

BLAISE SAVETIER,

Opéra Comique

Par

MR PHILIDOR;

Chanté à la Foire St Germain,

En 1759.

Prix 24 ^l.

A PARIS,

Chés Duchesne, libraire, rue St Jacques au dessous
de la fontaine St Benoist au Temple du Goût.

Avec Approbation & Privilége du Roi.

Ariettes

De
Blaise Savetier,

Opera Comique.

Blaise
Nº 1.

Blaisine
N.º 2.
Lors que tu me faisois l'Amour,
qu'as tu pro mis à ma mere, ma pauvre
mere, ma pauvre me re? lors que tu me faisois l'Amour, qu'as tu promis à ma mere,
ma pauvre me re, ma pauvre me re,
Lors que tu me faisois l'Amour, qu'as tu promis à ma me re, qu'as tu promis à ma
me re? Tu lui disois, tu lui di sois,

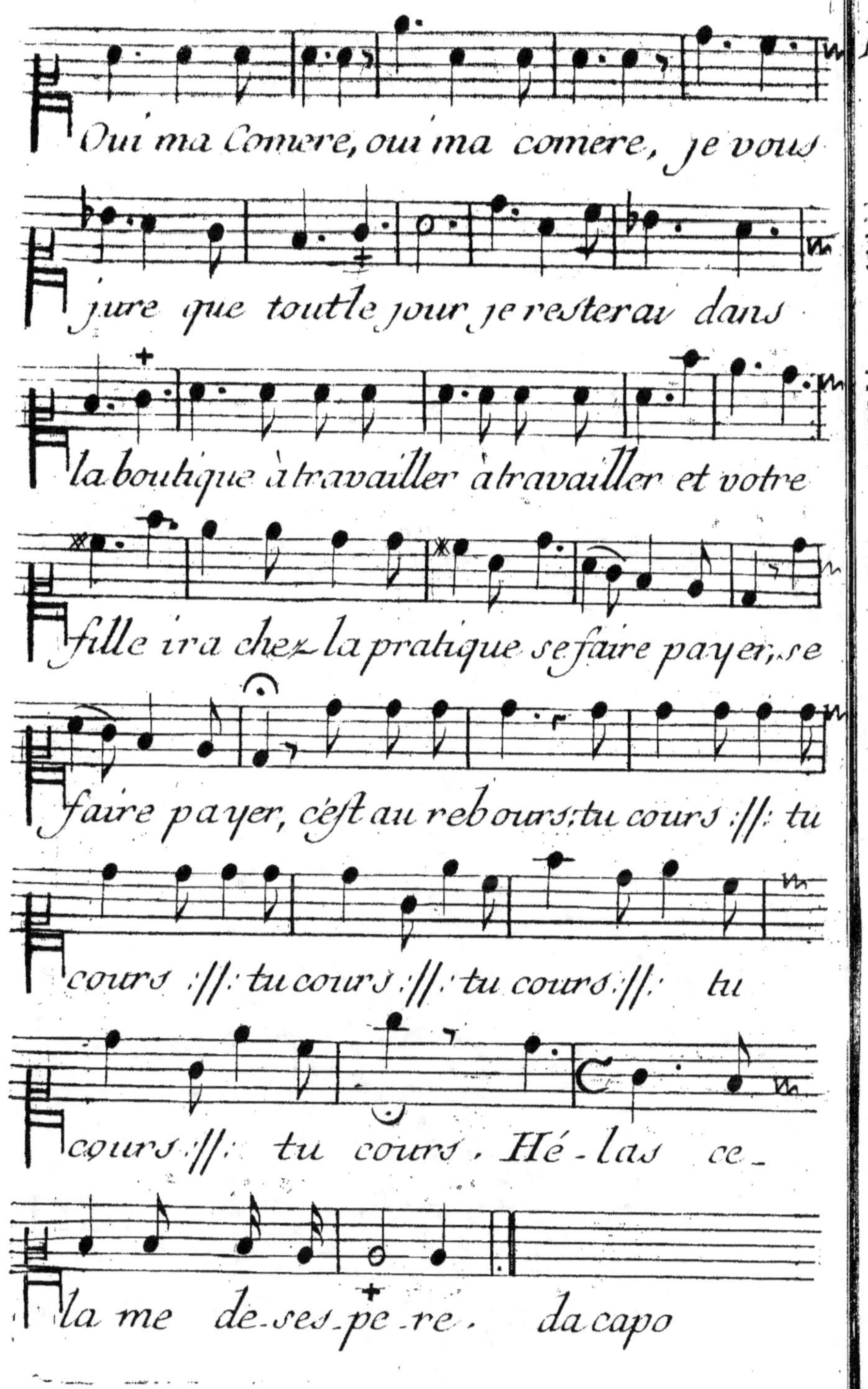
Oui ma Comere, oui ma comere, je vous
jure que tout le jour je resterai dans
la boutique à travailler à travailler et votre
fille ira chez la pratique se faire payer, se
faire payer, c'est au rebours; tu cours ://: tu
cours ://: tu cours ://: tu cours ://: tu
cours ://: tu cours. Hé-las ce-
la me de-ses-pe-re. da capo

Blaisine
Nᵒ. 3.
Ah le Scelerat! le scelerat, il me
frape et s'échape. Ah! le scelerat! il me
frape, il me bat, il me bat, il me bat, il me
bat. Ah! le scelerat! il me frape et s'échape.
Ah! le scelerat, il me frape et s'échape.
il me bat, il me bat, le scelerat! il me
bat, il me bat, Ah! le scelerat! il me
frape et s'échape. Ah! le scelerat! le scele =

rat il me frape et s'échape, il me bat, il me
bat, il me bat, il me bat. Ah! le sce le rat!
Ah! le scelerat! il me bat, il me bat, il me
frape et s'échape; il me bat, il me bat,
le sce le rat! il me bat, il me bat. La co-
le re me suggere de me venger, de me venger d'un mari qui sçait m'outrager;
d'un mari qui sçait m'outrager.

Mr Pince
No. 4.
l'Argent seul fi :: xe le caprice, 
l'argent seul sçait donner la loy, la loy, la
loy; l'argent seul fixe les caprices, les ca -
prices, les caprices; l'argent seul sçait doñer la
loy, la loy, la loy.   Ah! quels moments, Ah!
quels delices! Ah que de plaisirs j'entrevois.
hier farouche, aujourdhuy toute à moi; hi -
er farouche, aujourdhuy toute à moi! Ah!

quels moments! que de plaisirs, j'entre vois! Ah!
quels délices! quels délices! quels délices! hi -
er farouche, aujourdhuy toute à moi, hier fa -
rouche aujourdhuy toute à moi.
Blaise
N.º 5.
Cet air interdit me dit, Coquine, co -
qui ne, que dans ces lieux, que dans ces lieux,
à la sourdine en l'absence de ton mari, à la
sourdine, tu reçois un favori, un favori,

un favori ; à la sourdine, recevoir un fa vo
ri ! répond, ré pond, Non, mon a mi ;
un favori un favori Non, mon ami,
lien, voila pour ton demen ty. Hy hy
Il est il
pas caché sous celit ? Hy
Si je le trouve, dans
mon dépit, je veux l'assomer sur la place :

point de grace, point de grace, n'est il pas là
n'est il pas icy, n'est il pas là n'est il pas i cy?
Hy
Tu voudrois m'en faire accroire, donne moi
la clef de l'armoire, donne moi la clef de l'armoire,
donne, donne, donne, donne. Hy
Je me moque de tes
larmes, tes pleurs ont des charmes pour moi;

Quoy! quoy! tu voudrois men faire accroire!
tu voudrois m'en faire accroire, donne moi
la clef de l'armoire, donne, donne, donne, donne,
donne moi la clef de l'armoire, tu voudrois men
faire accroire! tu voudrois m'en faire accroire!
donne moi la clef de l'armoire, donne, donne,
donne, donne, Hy . . . .
Hyn . . . .

Hy . . . .
Je me moque de tes larmes, tes pleurs ont des
charmes pour moi. Quoi! quoi! tu voudrois m'en
faire accroire! tu voudrois m'en faire accroire!
donne moi la clef de l'armoire, donne, donne,
donne, donne, Je ne l'ay pas, je ne
l'ay pas, tu ne l'as pas, Tu ne l'as pas,
Mais c'est trop balancer, pour l'enfoncer, je

vais là haut pour l'enfoncer, je vais là
haut chercher une massue, Si tu sors
d'icy, je te tue.
M.º Pince
N.º 6.
Ah! le pauvre homme! Ah! le
pauvre homme! il n'a pas son pareil à
Paris; sa froideur m'assomme, C'est le
plus sot des maris, le plus sot des maris. Ah! Ah! le pauvre homme! C'est

14
le plus sot, c'est le plus sot des maris;
c'est le plus sot, c'est le plus sot des maris. Ah! le pauvre homme! Ah! le
pauvre homme! Il n'a pas son pareil à Paris. Sa froideur m'as
somme; c'est le plus sot des maris.
Sa froideur m'as somme; c'est le
plus sot des maris, le plus sot des ma =

ris. Ah! Ah! le pauvre homme!
c'est le plus sot, c'est le plus sot
des maris, c'est le plus sot, c'est le
plus sot des maris: le pauvre homme!
le pauvre homme! le pauvre homme!
le pauvre homme! Quand je m'ap-
pro-che, il me re proche que je suis
tou-jours près de lui, il me re pousse, il

me re pousse, et puis il tousse, hou
housse, je ne peux a vec
lui mou rir que d'en nuy.
Il me repousse il me repousse
et puis il tousse, hou, hou,
housse, je ne peux avec lui
mou rir que d'ennuy.